AF369560

15 Mars 90

VENTE DU SAMEDI 15 MARS 1890

HÔTEL DROUOT, SALLE N° **1**

BEAUX BRONZES

D'AMEUBLEMENT

Vases en porphyre, Bois sculptés

COLLECTION DE

BRONZES DE BARYE

anciennes épreuves

BELLES TAPISSERIES ANCIENNES

TABLEAUX

EXPOSITION PUBLIQUE

Le Vendredi 14 Mars 1890

DE 1 HEURE 1/2 A 6 HEURES

COMMISSAIRE-PRISEUR	EXPERT
Mᵉ M. DELESTRE	**M. B. LASQUIN**
27, rue Drouot, 27.	12, rue Laffitte, 12.

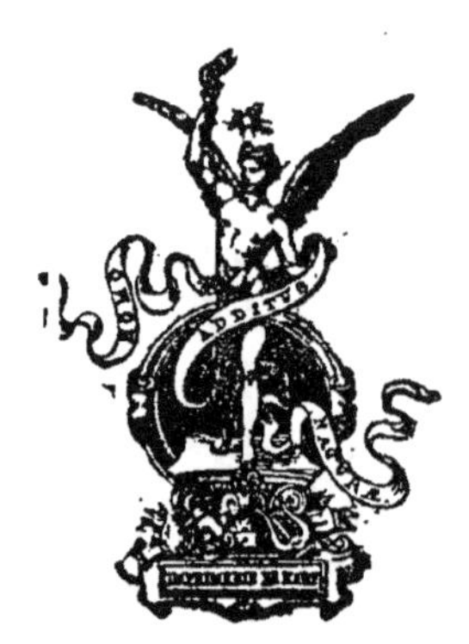

CATALOGUE

DE

BEAUX BRONZES

D'AMEUBLEMENT

Pendules et Candélabres de style Louis XVI
Lustres — Pendule Louis XIV
Trois beaux Vases en porphyre sculpté — Cartel — Torchères
Grand Cadre en bois sculpté — Harpe Louis XVI
Beaux Buffets Louis XIV et de style
Christ en ivoire — Objets divers

COLLECTION DE BRONZES DE BARYE

Anciennes épreuves

Belle suite de Tapisseries : Jeux d'enfants, avec costumes tressés d'or

Tapisseries de Bruxelles — Étoffes brodées

TABLEAUX

DONT LA VENTE AURA LIEU

HOTEL DROUOT, SALLE N° 1

Le Samedi 15 Mars 1890

A 2 HEURES

Mᵉ M. DELESTRE	**M. B. LASQUIN**
COMMISSAIRE-PRISEUR	EXPERT
27, rue Drouot, 27	12, rue Laffitte, 12

Chez lesquels se trouve le présent Catalogue.

EXPOSITION PUBLIQUE

Le Vendredi 14 Mars 1890, de 1 heure 1/2 à 6 heures.

CONDITIONS DE LA VENTE

Elle sera faite au comptant.

Les adjudicataires payeront *cinq pour cent* en sus des enchères, applicables aux frais de la vente.

L'Exposition mettant le public à même de se rendre compte de l'état des objets, il ne sera admis aucune réclamation une fois l'adjudication prononcée.

Paris. — Imp. de l'Art. E. Ménard et Cⁱᵉ, 41, rue de la Victoire

Désignation des Objets

BRONZES DE BARYE

ANCIENNES ÉPREUVES

1 — *Lion au serpent* (de la terrasse des Tuileries). Très belle épreuve, patine médaille poinçonnée, et portant le n° 11.

Haut., 23 cent.
Longueur de la terrasse, 34 cent.

2 — *Paysan Moyen-Age.* Patine verte.

Haut., 33 cent.

3 — *Lion assis.* Patine verte.

Haut., 18 cent.

4 — *Lion au serpent, la patte levée.* Patine verte fondue.

Haut., 14 cent.

5 — *Ours couché sur le dos*. Épreuve patine médaille.

Haut., 14 cent.
Longueur de la terrasse, 20 cent. 1/2.

6 — *Cerf dix cors marchant*. Belle épreuve, patine médaille.

Haut., 19 cent.

7 — *Famille de cerfs*. Groupe en bronze argenté.

Haut., 17 cent.

8 — *Faisan*. Patine médaille.

9 — *Chien au canard*. Patine médaille. Socle ovale en marbre noir.

10 — *Chien en arrêt devant un faisan*. Patine médaille. Socle ovale en marbre noir.

11 — *Gazelle d'Éthiopie*. 1831. Socle en marbre noir.

12 — *Cheval, tête à droite*. Patine verte fondue.

13 — *Cheval, tête baissée*. Patine médaille.

14 — *Lion affamé*. Patine jaune.

15 — *Tortue.* Patine médaille, épreuve poinçonnée.

16 — La même épreuve, poinçonnée.

17 — *Faon couché.* Patine verte.

18 — *Lapin.* Patine brune.

19 — *Chien en arrêt devant un canard.* Bas-
relief.

20 — *Cerf poursuivi.* Bas-relief.

21 — *Aigle et chamois.* Bas-relief.

22 — *Aigle et serpent.* Bas-relief.

23 — Deux appliques à trois lumières, à feuillages et à balustre surmonté d'une figure de
sibylle drapée. Patine claire. Poinçonnées.

24 — Deux candélabres à trois lumières, à base
triangulaire à griffes de lion, et surmontés
chacun d'une cigogne. Patine verte.

25 — Coupe ronde sur pied élevé à nœud, ornée
de pampres, d'entrelacs, de têtes de chats et
de cariatides en relief, patine brune, signée,

et deux bougeoirs à tige, de même décor que la coupe qui précède.

26 — Petit brûle-parfums, avec base triangulaire supportant trois chimères.

BRONZES D'AMEUBLEMENT

27 — Très grande pendule de style Louis XVI, en bronze ciselé et doré au mat, composée d'un groupe de l'Amour et du Temps sur des nuages et entourant une sphère en marbre Campan qui contient le mouvement à cadran tournant. Celle-ci est posée sur un piédestal orné d'un bas-relief représentant l'autel de l'Amour.

Le tout repose sur un socle en marbre Campan, avec contre-socle en bronze doré.

28 — Deux magnifiques candélabres de style Louis XVI; ils sont composés chacun d'un vase en marbre Campan, à piédouche sculpté, à godrons et cannelures, avec riches montures en bronze ciselé et doré au mat, à anses

guirlandes de lauriers retenues par des volutes et à bouquet de rinceaux à dix lumières, ornés de draperies.

29-30 — Deux paires de grandes et belles appliques de style Louis XVI, en bronze doré; elles sont composées de trois branches de rinceaux comprenant treize lumières et de deux porte-lampes, reliés à un carquois orné de branches de laurier et suspendus par un ruban.

31-32 — Deux paires de très beaux candélabres de style Louis XVI, formés chacun d'un vase ovoïde, en porcelaine gros bleu avec riches montures, à anses composées de feuillages et piédouches avec culots; ils supportent chacun un bouquet de lis à douze lumières.

33 — Grande coupe en ancienne porcelaine du Japon, montée sur un trépied de style Louis XVI, à têtes de béliers en bronze doré.

34 — Grand lustre de style Louis XIV, à vingt-quatre lumières et trois portes-lampes en

bronze garni de plaquettes et pièces d'enfilages en cristal.

35 — Lustre à vingt lumières, genre rocaille, garni de cristaux.

36 — Lustre à vingt-quatre lumières de style Louis XVI, à branches de rinceaux et trois figures d'enfants, garni de plaques en cristal.

37 — Grand groupe de trois figures en bronze, d'après Rancoulet : le Retour du pêcheur.

38 — Pendule et son socle de suspension d'un beau modèle Louis XIV, en marqueterie de cuivre et d'écaille, ornée d'une applique à sujet de deux figures assises sur un motif d'ornements, de volutes feuillagées, de chutes à mascarons et d'un couronnement surmonté d'un vase-cassolette, à trépied et cariatides de femmes.

PORPHYRES

39 — Grand et beau vase de forme ovoïde, en porphyre rouge oriental sculpté, orné d'anses

mufles de lions prises dans la masse et de
culots de feuillages.

40 — Paire de grands vases en porphyre gris, de
forme ovoïde, à deux anses mascarons têtes
d'hommes prises dans la masse.

MEUBLES

41 — Grand et beau buffet à deux corps du temps
de Louis XIV, en bois sculpté à ornements,
d'après Bérain, et à moulures.

42 — Buffet à hauteur d'appui, en chêne sculpté
à ornements Louis XIV.

43 — Beau lit anglais en bronze doré.

44 — Très grand cartel en bois sculpté et doré,
le cadran entouré d'une guirlande de lauriers
que soutiennent deux amours ; le couronnement est formé par un soleil, et la base offre
un groupe de deux colombes et des fleurs.

45 — Deux grandes torchères formées chacune
d'un esclave debout sur un socle armorié et

supportant une corne d'abondance, le tout en bois sculpté et doré.

46 — Trois paires de tabourets italiens formés chacun d'un négrillon accroupi supportant un coussin de velours rouge.

47 — Très grand cadre Louis XIV en bois sculpté, à trophées de fleurs et ornements.

48 — Deux chaises de style Louis XVI, en bois doré, garnies de soie vert d'eau, et deux chaises genre Louis XV, en bois doré, garnies de broderie Louis XVI.

49 — Deux flambeaux de mosquée en cuivre gravé en relief, de travail persan.

OBJETS VARIÉS

50 — Harpe Louis XVI en bois laqué, à crosse en bois sculpté à feuillages et doré, et table ornée de peintures, trophées d'attributs et paysages.

51 — Cabinet Louis XIII à quatre rangs de ti-
roirs et une porte en bois noir, incrusté
d'ivoire et orné d'appliques en cuivre découpé
et argenté.

52 — Deux grands vases forme étrusque en bois
peint à l'imitation des terres antiques, à sujets
en jaune sur fond noir, avec piédestaux en
bois noir.

53 — Crucifix en ivoire sculpté du xviiᵉ siècle,
monté sur croix en bois noir, garnie à ses
extrémités de chapiteaux en bronze gravé et
doré.

TAPISSERIES ET ÉTOFFES ANCIENNES

54 — Jolie suite de cinq tapisseries du temps de la
Régence, représentant des jeux d'enfants avec
riches costumes tissés d'or, dans des paysages boisés ; encadrées de riantes bordures
à rinceaux de fleurs et rosaces.

   1º *La Ronde*.

      Haut., 3 m. 5 cent. sur 3 m. 55 cent.

2º *La Danse.*

>Haut., 3 m. 5 cent. sur 3 m. 95 cent.

3º *Les Bulles de savon.*

>Haut., 3 m. 5 cent. sur 1 m. 40 cent.

4º *Le Moulin à vent.*

>Haut , 2 m. 55 cent. sur 1 m. 40 cent.

5º *La Balançoire.*

>Haut., 3 m. 5 cent. sur 1 m. 95 cent.

55 — Tapisserie du XVIIᵉ siècle, représentant l'archange Michel terrassant le démon ; bordure à ornements simulant un cadre doré.

Dans le haut de cette tapisserie on lit sur un listel rapporté : Mʀ · LOUVRIER · Nᵀ · GRAND OUVRIER DE · S. M. 1789.

56 — Suite de quatre tapisseries de Bruxelles du XVIIᵉ siècle, représentant des sujets tirés de l'histoire de la Création, avec larges bordures simulant des colonnes torses enguirlandées de fleurs.

57 — Tapisserie de Bruxelles représentant un

compteur d'or, avec jolie bordure à fleurs, médaillons et figures.

58 — Grande portière en brocart ; dessins Louis XIV sur fond blanc.

59 — Tapis de table oriental, brodé à arabesques et inscriptions en jaune sur fond de velours rouge, vert et noir.

60 — Chasuble en ancien velours violet.

61 — Deux portières en drap vert, à écussons et ornements soutachés.

62 — Riches broderies du XVIIIe siècle, en soie de couleurs or et argent, à fleurs et ornements, pouvant convenir pour une garniture de lit ou deux garnitures de croisées.

63 — Chaperon de velours grenat, brodé argent et appliqué de soie : le Christ en croix.

TABLEAUX

BENDIX (L.)

64 — *Jeune Femme assise sur une terrasse.*

BOMBLED (Ch.)

65 — *La Promenade dans le parc.* Jeune fille montée sur un poney et suivie d'un chien.

ÉCOLE MODERNE

66 — *La Sultane.*

67 — *Femme en buste.*

68 — *Italienne en corsage rouge.*

69 — *Portrait de dame.* En corsage noir et châle rouge.

70 — *Esquisse d'un portrait de femme.*

OUDRY (École d')

71 — Quatre scènes drôlatiques, sous des figures de singes :

La Leçon d'escrime.

Le Singe malade.

Le Singe musicien.

Le Singe rémouleur.

MAES (Genre de)

72 — *Portrait d'homme, à mi-corps.*

73 — *Vieille Femme comptant des pièces de monnaie.*

MURILLO (D'après)

74 — *Les Petits Pâtres.*

ZICK (J.)

75 — Deux dessus de portes : *Allégories du Printemps et de l'Automne*, figurés par des groupes de nymphes et d'amours sur des nuages, et des scènes champêtres : *la Cueillette des fleurs* et *la Cueillette des pommes*.

www.ingramcontent.com/pod-product-compliance
Lightning Source LLC
LaVergne TN
LVHW011006180726
843502LV00007B/2358